이병훈 시집

푸른 기억

문학사계

머리글

학창시절의 꿈을 접지 못하고 불혹의 나이를 넘어 푸른 기억을 더듬으며 늦깎이로 시작한 시 공부는 여간 힘에 부치는 게 아니었습니다.

치열한 삶의 전선에서 몸에 밴 습관들을 하나하나 털어내기란 실로 어려웠지만, 무엇보다도 멋모르고 써 왔던 글들이 급한 발목을 더 붙잡고 쉽게 놓아 주지를 않았습니다.

따뜻한 미소로, 때로는 매서운 눈빛으로 나의 빗나가는 감정들을 서슴없이 가지치기해 주시고 흔들리는 중심을 곧추세워주신 스승님의 은혜로 간신히 시의 눈을 뜨고 어렵사리 문단에 발을 들여놓은 지 어언 5년이 되었습니다.

아직도 시인이라는 말에는 익숙하지가 않아서 가끔은 부끄럽고 낯 뜨거운 적이 많았지만, 용기를 내어 그동안 써 왔던 시편들을 갈고 다듬어서 주섬주섬 챙겨 보았습니다.

나름대로 고심을 하였으나 처음이기에 미비한 부분이 많으리라 짐작됩니다. 솜씨도 부족하고 내용도 변변치 못하여 진한 울림을 주지는 못할지라도 저의 첫 시집이기에 애정 어린 마음으로 끝까지 살펴봐 주시고 뜨거운 격려와 아낌없는 채찍을 부탁드립니다.

이 시집이 나오도록 바쁘신 중에도 자상하게 해설을 써주신 황송문 교수님과 편집을 맡아주신 문학사계사의 지창영 시인님, 그리고 나에게 시의 징검돌을 놓아주신 경희대 나호열 교수님과 변변치 못한 글에 곡을 붙여주신 나유성 작곡가님에게도 깊이 감사드리며, 늘 옆에서 지켜보며 격려

해 주고 힘을 북돋워 준 아내 석옥순에게도 고마움을 표합니다. 아울러 이 지면을 통하여 아들 서곤이에게도 곧고 바른 생각으로 맡은 일에 충실하길 바라면서 머리글을 엮습니다.

단기 4343년(서기 2010년) 1월 19일
인수봉을 올려보며
이병훈 적음

차 례

2. 돌아오지 않는 강

3. 푸른 기억

4. 그대에게 가는 길

1

먹통

밋밋한 널빤지에
비틀어진 나무둥치에
직선으로 그어지는
정확한 본심의 선……

먹통

목수의 연장통 속에는
암유暗喩의 먹통이 들어있다.
톱날보다 날카로운 먹줄을
줄줄이 감아 숨긴 채.

눈을 감으면
무수히 떠오르는 공간
밤낮을 가리지 않는
고딕 도시의 그림자

밋밋한 널빤지에
비틀어진 나무둥치에
직선으로 그어지는
정확한 본심의 선……

목수는
함부로 먹줄을 놓지 않는다.
마음 속의 먹통이 흔들림 없이
여백을 겨냥하고 있으므로.

다림질

다리미가 열을 받아
속을 부글부글 끓이고 있다.

거친 숨을 몰아쉬듯
뜨거운 열기를 뿜어내고 있다.

곧바로 구겨진 옷자락 위로
사정없이 지나간다.

흙탕물에 찌들고
휴지처럼 구겨진 세상

말끔히 빨아서 다림질하면
곱게 곱게 펴지라고.

숨은 벽

벽을 붙들고 있던
타일 한 장이
우연히 금 간 후로
가시에 찔린 양심처럼
늘 가슴이 아팠다.

큰맘 먹고 서둘러
금 간 자국을 뜯어냈다
타일 뒷면을 붙들고 있던
딱딱한 시멘트 덩이 사이로
숭숭 뚫린 내부를 보았다.

벽 뒤에 또 다른 벽이
죽은 듯이 숨어 있었다.
늘 뒷모습도 잊고 살았다.
금 간 자국 뒤에
허공이 숨어 있는 줄
모른 채 살아왔듯이……

도배

빛 바랜
꽃무늬 벽지를 뜯어내고
황토색 벽지로 도배를 하였다.

가을걷이를 끝마치고
곱게 쟁기질한 황토밭을
안방으로 들여놓았다.

흐릿하던 시력이
새 안경처럼 환해지자
누워서도, 눈을 감고도
이랑 사이를 오가며
미래의 씨앗을 뿌린다.

마음 가득
푸른 싹이 돋아나길 바라며
굽은 허리를 펼 줄 모르던
어머니처럼,

늘,
황토밭에서 살고지고.

옥탑방

좁은 계단을 따라
키 작은 다락에 들어서면
가슴이 확 트인다.

인수봉과 눈을 마주하면
답례로 일기예보를 전해준다.
한여름 옆은 안개를 두른 날에는
옥상 텃밭에 미리 물을 뿌리라고
먹장구름을 뒤덮은 날에는
우산을 꼭, 챙기라고……

어느새 낮은 지붕들은
정답게 어깨를 맞대고
고층아파트를 비웃으며 옥상 가득
싱싱한 햇살을 초대하여
빨래를 펄럭이고 있다.

골목으로 끊임없이

오고 가는 발걸음소리들
큰 강으로 흘러가는
개울물처럼 도란도란 정겹다.

인수봉

삼각산에 우뚝 솟은 봉우리
산악인은 밧줄을 붙잡고 기어오르고
시인은 붓 한 자루 머릿속에 감추고
멀리서 마음으로 오른다.

시도 때도 없이 오르내리건만
그 숨은 뜻을 찾지 못하여
오늘도 가슴 활짝 열어젖히고
금방 잡힐 듯한 봉우리 올려다본다.

**인수봉: 서울시 강북구 우이동 북한산에 있는 봉우리. 백운대 만경대와 함께 삼각산 또는 삼봉산이라고 한다. 높이는 803미터.*

사골을 끓이며

군살 다 발라낸 뼈를
쥐어짜듯 끓이고 있다
오래전에 유행하던 노래가
텔레비전에서 구성지게 흐르는데
솥뚜껑이 박자를 맞춘다.

네댓 번 우려냈는데도
한우라서 국물이 진하다며
큰 그릇에 옮겨 담으며
촉각을 곤두세웠던 그녀도
엉덩이를 들썩거리며
콧노랠 부른다.

달달 끓이고 볶아도
아득한 수입 사골처럼
맹물만도 못한 글로
몇 날 밤을 고심하다가
입맛까지 잃었다.

뚝배기에 퍼 담아도
입안에 착착 달라붙는
한우 뼛속에서 우러나오는
어머니 젖빛 같은 진국
허한 가슴을 흠뻑 채워줄
진액의 詩를 꿈꾼다.

저무는 천변에서

하루해가 지친 몸을
서산에 눕히는데
긴 발을 물에 담근 흰 물새 한 마리
덧없이 흘려보낸 시간을
애써 외면하려는 듯
긴 목을 갸웃거리며 물 속
제 그림자만 들여다보고 있다.

등 뒤에서 어둠을 뿌리치며
금방이라도 내 이름을
반갑게 부를 것 같은 발걸음 소리
분주하게 천변을 오가는데
늦가을 초저녁 반달은
시절을 잊은 듯
물 속에서 찰랑찰랑……

빈 병

향기롭다고 한 잔
취하고 싶다며 한 잔
갈증 난다기에
또 한 잔.

내 속
텅 비는 줄도 모르고
다 퍼주고 나니
눈길 한 번 오지 않네.

가득 차 있을 땐
시도 때도 없이
부리나케 들락거리던
그리운 발걸음들……

멍텅구리

유유히 흐르는 시냇물에
낯익은 그림자 하나
정물로 무겁게 가라앉아 있다.

초췌한 모습 뒤로
모였다가 흩어지는 구름장
가끔, 물결이 잠잠해지면
어수룩한 표정 위로
물살에 말갛게 씻겨
곱게 닳아진 조약돌이
검버섯처럼 피었다가 사라진다.

물막이 둑 너머를
세차게 빠져나온 물줄기
오래된 비밀을 발설하고
속이 다 시원한 듯
자지러지는 웃음소리.

어느새 쇠잔한 어깨 너머로
물거품은 하염없이 흘러가는데
내 생각 뒤흔들고 가는 바람은
그 누구의 얄궂은 심술인가요.

치과병원에서

달착지근하거나
시원한 냉수만 마셔도
뇌관을 건드린 듯
어금니에서 불꽃이 튄다.

더는 참지 못하고
부끄러운 고백을 하며
입을 크게 벌렸더니
썩은 이를 뽑자고 한다.

오십을 갓 넘긴 나이에
편견을 허물지 못하고
벌벌 떨며 망설였더니
아무짝에도 쓸모없는 것이
사랑니라고 한다.

참회하듯 지그시 눈을 감으니
소독 냄새 흥건한 솜뭉치

어금니에 가득 물려준다.

이제부터라도
조신하게 살라는 듯,
구석에서도 깊은 뿌리 돋아나는
그런 사랑은 하지 말라는 듯.

치과병원에서 1

입을 다물고
어금니를 깨물어도
뼛속까지 파고드는 통증이
가라앉지 않는다.

잇몸 깊숙이 내통하면서
뿌리까지 썩히는 줄도 모르고
달콤한 맛에 사로잡혀
눈감아준 치석 때문이란다.

날카로운 연마기 소리가
나무랐다가 달랬다가
속 썩는 줄도 모르고 살았다며
덕지덕지 엉겨 붙은 세속의 때를
뼈를 깎듯 벗겨 내고 있다.

지그시 눈을 감으며
입안 구석구석 헹구어 낸다.

이제는 정갈하게 살겠노라고
나쁜 습관도 고치겠노라고
몇 번이고 다짐하면서.

돋보기

침침한 글씨가
자꾸 아른거린다.

더듬더듬 살아온 세월
부끄럽게 먹은 나이가
시력을 타박하는가 보다.

안경테 너머로
넌지시 바라보는 세상은
변함없는 듯하지만
두꺼운 유리알에
초점을 맞춰야 하는 풍경이
들여다볼수록 어지럽다.

시야가 어지러운 까닭은
들끓는 욕심 탓일까
꿈의 요지경 때문일까
누구나 눈을 감으면
빈손인 것을……

자화상

자정을 넘긴 시간
낯익은 중년 남자가
캄캄한 유리창이 뚫어져라
들여다보고 있다.

가로등 불빛은
듬성듬성한 머리카락 뒤로
가물가물 졸고 있는데
무심한 세월처럼 유성 하나
빗금을 긋고 사라진다.

추억을 뒤적거리며
황소처럼 웃었더니
도톰한 입술이 벌어지고
허황한 생각을 굴리면
얼굴이 일그러진다.

언뜻 보면

볼품없는 듯하지만
가만히 들여다볼수록
풍상으로 실금 진 주름이
밭고랑처럼 편안하다.

벼랑에 선 나무

마음이 무거울 때면
나도 모르게
휘파람이 나온다.

세찬 비바람이
가지를 후려칠수록
제 속의 아픔을 삭여내는
칼날보다 시린 바람 소리

타는 목마름에도
멀리 강가를 사모할지언정
비탈진 벼랑은 원망하지 않았다.

곧추서지 못할지라도
늘 하늘을 우러러
고개를 낮게 숙이고
발밑에 귀를 기울인다.

힘에 겨울지라도
팔을 아름답게 뻗어
그늘을 깔아주라고 한다.

자전거

잘 굴러가던 바퀴가
며칠 전부터
심통을 부리고 있다.
페달을 밟을수록 덜덜거린다.

자세히 들여다보니
흙받이를 떠받치던 나사가
뻘겋게 녹슬어 헐거워진 틈으로
제 역할을 포기하고 주저앉았다.

돌이켜 보니 진흙길을 달려온 후
씻어내지 않았던 여독이
나태와 고집으로 엉겨 붙어
느슨하게 풀어진 내 삶의 속도를
서서히 옥죄고 있었던 모양이다.

수시로, 기름 치며 닦지 않고
야무지게 조여 주지 않아

까탈 부리는 바퀴처럼
침침해지도록 묵혀두어
헛도는 내 기억들 잠자나 보다.

공친 날

일기예보를 듣고 단단히 무장을 하였다.
쇠꼬챙이 같은 칼바람도 한파를 견딜 수가 없는지
헐떡거리는 가슴속으로 자꾸만 파고든다.
추운 날일수록 빨리 서둘러야 한다.

만약, 허탕이라도 친다면
마땅히 웅크릴 곳도 없을 터이니
엄동설한에는 모닥불 둘레가 대목이다.
빈손들이 온기라도 거머쥐느라 분주하다.
늙은 티가 날까 봐 억지로 가슴을 편다.

팔려가지 못하면 냉동실보다 추운 날인데도
오뉴월 좌판대 생선토막보다 빨리 상한다.
아무도 거들떠보지 않으면
제 뼈라도 깎아야 하는 하루.

웅성거리던 그림자들
꺼진 불씨처럼 사라져 갔다.
식은 재 위로 발자국 무겁게 찍어두고
서…

텃밭에서

고춧대를 뽑아낸다.
붉은 고추를 다 따낸
서리 맞은 앙상한 가지가
퇴출당한 오십대 가장의
어깻죽지 같다.

뽑히는 뿌리마다
끈끈한 정으로 착 달라붙어
함께 엉겨 나오는 흙을
탁탁 두드려 털어 낸다.

말라비틀어진 가지마다
늦게 열린 고추들이
기구한 운명인 듯
푸르뎅뎅한 슬픔에 젖어
악착같이 붙잡고 있다.

막차를 놓치고 난 후

서두르지 못한 매운 기억이
밭두렁에 깔아놓은 돗자리 위로
서슬 퍼런 바람을 피해
한숨으로 쌓여가는 오후.

숫돌

붉게 녹슨 낯을
제 몸에 문지르며
오랜 나태를 벗기고 있다.

시뻘겋게 토해내는
참회의 피눈물이
게을렀던 과거를 뉘우치며
오목 가슴을 타고 흐른다.

이리저리 생각을 굴려
털어 내지 못했던 집착을
뼈가 닳도록 갈다 보면
매질 않고도 무딘 날이 선다.

곡식을 거두다가
무성한 잡초를 베다가
돌부리에 경솔하게 빠진 이가
지극 정성으로 돋아 오른다.
상실된 기억이 되살아난다.

하늘 공원

아무도 거들떠보지 않고
버림받던 나날들.

긴 불면의 밤
고독을 끌어안고
악취와 진물을 닦아내며
에덴의 꿈을 꾸었을까?

사시사철 밤늦도록
길이 모자랄 정도로
끊이지 않는 발걸음들……

아문 상처마다
꽃으로 피고 지고
노을빛도 찬연하고,

2

돌아오지 않는 강

며칠 전만 해도 걸어서 함께 고향에
가시자더니, 무엇이 그토록 다급하여 육십을
아직도, 3년이나 남겨두고서 돌아오지 못할
강을 홀연히 건너가셨습니까?

소나무 아래 앉으면

가파른 산을 오르다가
황토 속에 깊게 뿌리박은
왕 소나무를 만났다.

무거운 발걸음
편이 내려놓으라는 듯
허리 굽혀 늘어진 가지로
그늘을 깔아 놓았다.

온갖 풍상 다 겪어
갑옷처럼 단단해진 껍질
세속과 타협하지 않은 옹이가
자세히 들여다볼수록
훈장보다 더 눈부시다.

심지 곧게 박히면
벼랑 끝, 바위틈에서도
천년 세월 끄떡없다고

솔잎에 스치는 바람 소리
큰 울림으로 귀에 박힌다.

못

무수히 두들겨 맞고도
야무지게 벽을 붙잡고 있는
그의 목에 액자를 걸었습니다.

힘든 목덜미를 숨기고
평생 무거운 짐을 기꺼이 지신
아버지의 흑백사진이
나를 바라보고 계십니다.

빗맞은 망치에
시퍼렇게 멍든 손톱이
단단한 벽과 못 때문이라며
투덜거리던 나를 응시하고 있습니다.

액자 뒤에는
아버지의 근엄한 침묵
모진 세파에 시달려도
평생 보여주지 않던 속앓이

못이 빠지면 허무한 공간
당신의 빈자리가 허전합니다.

담쟁이

막다른 골목
담벼락에 찍혀 있는
초록 발자국들……

쫓기던 발걸음이
너울너울 어깨동무하고
가로막힌 절벽을
시원스레 넘고 있다.

어린 이파리들
강파른 등에 업고
더듬거리며 기어오르는
언뜻언뜻 보이는
저 억척스러운 줄기

들여다볼수록
영락없이
우리 어머니 손등 위로

굵게 솟아오른 힘줄이다.

소牛

깊은 밤 외양간에서
큰 눈을 지그시 감은 채
지난 일들을 되새김질하고 있다.

무엇이 크게 잘못되었는지
머리 흔들 때 들리는 워낭소리
무겁게 쩔렁거린다.

짐을 지고 언덕을 오를 때나
전답을 갈아엎을 때
힘을 아꼈다고 생각하는지
스스로 채찍질을 하듯
끊겼다 이어지는 소리……

밤이 깊어 갈수록
식어가는 구들장에 피로를 재우고
자식을 심하게 야단쳤다 싶었는지
고단한 경운기 소리처럼 코를 골다가도

아버지는 길게 한숨을 내 쉬셨다.

몇 번인가 입을 오물거리시더니
묵은 빚을 청산하시겠다는 듯
어금니를 힘주어 깨무셨다.

이제 다시는 볼 수가 없는데
저승에서도 한숨을 내쉬고 계실까
아직도 철들지 않은 자식 때문에.

가르마

젖은 머리를 말려
조심스레 머리카락을 가르자
거울에 내 나이가
무색하게 들여다보인다.

한쪽으로 조금 치우쳤는지
다른 한 편이
서운한 듯 바라본다.

어머니처럼 공평하고 반듯하게
반으로 나누지 못하여
가녀린 바람에도
쉽게 헝클어지는 머리카락

자세히 들여다보니
여태껏 흔들리며 살아온 세월이
어느덧 허옇게 세어
성긴 머릿속이 부끄럽기만 하다.

숨겨둔 유훈遺訓

눈물바람으로 선산에,
아버지를 모셔두고 돌아와
영정사진 앞에 둘러앉아
다 낡은 지갑을 열어보았다.

꼬깃꼬깃 접혀진
닳아진 종이쪽지 하나
조심스레 펴 보니
담뱃갑 속 은박지 뒷면에
또박또박 쓴 글씨.

人知返醒인지반성하야 更起精神갱기정신하라
人知返醒인지반성이면 家成萬事가성만사라

복사해서 지갑에 깊숙이 넣고
삶이 무겁고 힘겨울 때마다
깊은 뜻 가슴에 새기며
아버지처럼 들여다본다.

*人知返醒하야 更起精神 하라
人知返醒이면 家成萬事라
사람이 돌이켜 깨달을 줄을 알고 다시 정신을 일으켜 세워라.
사람이 돌이켜 깨달을 줄 알게 되면 집안의 모든 일이 성사될 것이다.

뻐꾸기 울면

춘삼월 이산 저 산
뻐꾸기 슬피 우는 것은
말없이 가신 님 누가 볼세라
진달래꽃으로 숨어 온다는 기별입니까.

자나 깨나 눈에 밟히도록
꽃에 스며 오시는 당신은
행여 그날처럼
울며불며 매달릴성싶어
넌지시 보고 가려는 심산입니까.

진달래꽃, 무덤가에
그리도 곱게 피는 것은
자식들 슬픔에 잠길성싶어
꽃으로 눈길 돌리라는 속셈인가요.

진달래 불붙는 춘삼월
뻐꾸기 슬피 울면

불러도, 불러도 대답 없는
액자 속 당신이 그리워
뻐꾸기도 피를 뱉는다.

슬픈 식사

꽁보리밥에
고추장만 넣고 비벼도
군침이 저절로 돌고……

비빈 밥 한 숟갈에
속이 화끈화끈 타던 때
어머니가 주시던 물 한 사발이
그렇게 시원할 수가 없었습니다.

어머니……
여름날 평상에 마주앉아
양푼 가득 밥을 비벼 먹듯
모락모락 김이 나는 흰 쌀밥에
고추장을 넣고 비벼봅니다.

뱃속에 불이 났건만
물 사발을 건네주시던
당신은 영영 볼 수가 없고

닭똥 같은 눈물!
안개만 눈가에 서립니다.

겨울 밤

긴 밤 대밭에서
눈 털리는 소리에
선잠 깬 새 한 마리
어디론지 날아간다.

은은한 달빛을 덮고
곤히 잠든 고향집 마당
눈 덮인 장독대가
꿈을 꾸는 저녁,

간장 항아리 속
어머니의 손맛은
새의 날갯소리에도
깊은 맛이 들겠지.

분갈이

설날 아침
음복을 하는데
입안으로 난처하게 찾아온
단감 씨 몇 개.

버리기가 민망하여
월동화분에 심어 두었더니
엄동설한에 봄인 줄 알고
앙증맞게 돋아난 새싹들,
더부살이인 줄 모르고
잠결에도 쑥 쑥 자란다.

더 크기 전에
새 땅에 옮겨 접붙여야
굵은 열매를 맺는다는데
마땅한 자리가 없다.

쪽방 살림에

허리 한 번 제대로
못 펴시던 어머니……
늘 안타까운 마음으로
미안하다, 미안하다.
봄이 오면 꼭 분가해주마.

디딤돌

세찬 빗줄기도
아버지의 등에 업혀 가면
편안하게 잠이 들던
내 인생의 보루堡壘.

하늘을 머리에 인 채
거북이처럼 엎드려
역경을 견디고 있다.

행여 어린 자식
진흙탕에 빠질세라
지저분한 밑바닥에 엎드려
깡마른 등을 내밀고 있다.

호수에 달 가듯이
학처럼 지나가라고……

분재盆栽

하체가 벗겨진 채
사투死鬪를 벌이고 있다.

깨어진 화분 틈서리로
사선을 넘고 있다.

집으로 모셔와 보니
철사 줄에 감긴 채
상처를 입 다물고 있었다.

한 가닥 한 가닥
옭아맨 사슬을 걷어내고
억압당한 세월을 들여다본다.

겉모습에 눈멀었던 날들
움푹 파인 계곡에서 신음한다.

내 몸, 단 한 번이라도

누구를 위하여
칭칭 동여맨 적 있었던가.

질긴 숨을 내쉬며
시린 눈망울
먼 산 절벽 위에 꽂힌다.

늙은 호박

찬바람이 쌩쌩 부는
재래시장 입구.

허름한 좌판대 위에서
누구를 기다리는지
종일 옴짝달싹하지 않은 채
미안한 듯 앉아 있다.

젊은 시절 뙤약볕에서
뿔뿔이 떠난 고향 지키다가
된서리 맞기 전에
자식들 몸보신 해 주려고
다 늙어 찾아온 객지
이랑진 주름 사이마다
황혼빛이 그윽하다.

뚝, 끊긴 발길 쓸쓸한데
먼발치, 붐비는

대형마트의 네온 불빛
어지럽게 깜빡거린다.

북엇국을 끓이며

담백한 겨울 맛이
소나무 관솔 같은 살 속에
깊이 스며있다.

다듬이 방망이로
두들겨 패면 팰수록
아득한 나라에서 스며온
황태덕장의 비린내가.

물에 담그면
얼었다 녹은 욕망이
더욱 부풀어 오른다.

파, 무 송송 썰어 넣고
다진 마늘 풀어
가스레인지에 불을 댕기면,

끓는 냄비 속에서

어머니 젖가슴 냄새
들썩이는 뚜껑 틈으로
뜨거운 눈물 하염없이 흐른다.

참회하라는 듯
독한 술,
적당히 마시라는 듯
사랑 눈 흘기는 구수한 냄새.

끈

빌딩 아래로 길게
외줄이 늘어져 있다.
남루한 이력서 한 장이
아슬아슬하게 매달려 있다.

얼룩진 벽을 닦아내며
다시는 물려주기 싫은 가난을
부지런히 씻어내고 있다.

이따금 후려치는 바람에
단단히 움켜쥐어야 하는
질긴 목숨의 경계선,

젖줄처럼 붙잡고 있을
주렁주렁 매달린 눈망울들에게
낙하는 억울한 배반이다.

고통을 삼키며

조심조심 하강할수록
옥죄던 밧줄이
선악과나무 휘감던 뱀처럼
삶의 똬리 틀어준다.

돌아오지 않는 강

신촌 세브란스병원 중환자실.

다급한 연락을 받고 달려왔다.

하얀 이불을 들치니 콧속으로 옆구리로 주렁주렁 매달린 호스들, 어느새 다 걷어갔다. 다급하게 오르내리던 계기판의 불빛도 싸늘하게 꺼져 있다. 불러도 들은 척도 하지 않는다.

들여다볼수록 창백한 얼굴.

도무지 믿기지 않아서 이불을 깊숙이 덮어주어도 말씀이 없다. 며칠 전만 해도 걸어서 함께 고향에 가시자더니, 무엇이 그토록 다급하여 육십을 아직도, 3년이나 남겨두고서 돌아오지 못할 강을 홀연히 건너가셨습니까?

부안 효병원 지하.

영구차에 실려와 액자 속에 갇힌 모습, 너무도 억울하여 발인 전날 밤에는 남몰래 통곡을 하였건만 아무런 대꾸도 없는 형님. 하관예배 드리고 붉은 천에 쓰인 故 이병재 목사 이름 꾹꾹 밟아 묻을 때에는, 형제간에 우애하며 오래오래 잘 살자던 모습. 눈앞에서 아른거리고 철없이 불퉁거리며 대들었던 일들, 한없이 후회스러워 평안히 가시라는 말도 못한 채, 흐느끼며 어깨만 들썩거렸습니다.

2008. 05. 26 림프종으로 형님을 떠나보내고,

허공의 길

하고 싶은 말들이
목에 뚫린 구멍으로
안타깝게 다 새어 나가고
눈물 고인 눈망울만
애써 깜박거리신다.

가까스로 반신만 되찾아
한쪽 팔을 病床에 묶인 채
기억의 실마리를 더듬다가
내 손을 뜨겁게 붙잡고
반가움을 놓지 못하신다.

다섯 남매 키우느라
논밭으로 불이 나던 관절은
소금쟁이 다리가 되어
구부렸다가, 폈다가…

정 많던 친구 老母는

허공에 길을 내고 계신다.
고향으로 가는 길을,
가느다란 호스로
生을 연장해 가며……

마지막 인사

큰놈 결혼식에
꼭, 초대한다고 하였는데
봄이 채 오기도 전에
어두운 소식을 전해 듣고
흔들리는 불빛弔燈 아래로
해 저문 거리를 달려갔다.

무거운 발걸음을 옮기니
하얀 국화꽃 속에서
학사모를 쓴 앳된 영정사진이
넋이 쏙 빠져나간 채
푹 주저앉은 홀어머니를
죄송한 듯 내려다보고 있다.

무슨 말을 해야 할지
더듬거리며 손을 잡으니
퉁퉁 부어오른 눈언저리에서
녹아내릴 애간장이

아직도 남아 있었던지
주르륵 피눈물을 토해 낸다.

아무리 바쁘고 급했어도
과속은 하지 말았어야지
그 누가 억지로 잡아끌어도
부모 앞서가지는 말았어야지
땅을 칠 말 못할 피눈물,
그녀의 마지막 슬픔이기를.

새만금

굼틀굼틀 꼬리를 치며
서해로 쉼 없이 내달리던
푸른 젖줄 같은 강물

동진강과 만경강이 서로 만나
기나 긴 세월 사무친 그리움을
아낌없이 풀어놓으며
살을 비비고 뒤섞으며
옥토를 출산하였다.

신시도에 바지랑대를 세우고
변산에서 군산까지 금줄을 쳐놓으니
거품 물고 달려오던 파도는
하얗게 웃으며 되돌아간다.
너와 나
생전에 머무르고 싶은 땅으로
바람에 나부끼는 옥양목 빨래처럼
해풍에 고슬고슬 어서 마르도록……

겨울 편지

발신자도 없이
하얗게 보내온 사연
밤새 풀지 못한 암호처럼
처마 끝에 꽁꽁 얼어
줄줄이 매달렸다.

햇살에 한 문장 한 문장
해독해 낼 때마다 글썽글썽
흐릿하게 떠오르는 추억
간간이 누구의 애간장이 녹는지
뚝! 뚝! 떨어지는 소리……

3

푸른 기억

맑은 물에 번지는 잉크처럼
뚝! 뚝!
흐릿한 기억 더듬으며
하얀 그리움 찾아갑니다.

실금 진 주름 사이에

간담이 서늘해지는
시 한 편이 눈에 띄기에
아내에게 조용히 읊어 주었더니
평소 내 글에는
별 반응이 없던 그녀가
고개를 끄덕이고는
대뜸, 당신이 지었느냐고 묻는다.

머리를 무겁게 저었더니
짐을 가득 지고 언덕을 오르는 소에게
금방 채찍을 가할 듯한 눈빛으로
어찌, 당신은
진작에 그런 생각을 못 굴렸느냐고
퉁명스럽게 쏘아붙이고
근심스런 눈으로 바라본다.

가만히 살펴보니
갖은 풍상 다 겪은

실금 진 주름 사이에
그녀의 마음을 움직이게 하는
시 한 편, 짓지도 못하면서
여태껏 고생만 시켜온 내 무능이
은밀하게 박혀 있다.

나팔꽃

울타리 너머에서 누가 엿보는지
다소곳이 고개 숙여
온몸을 배배 꼰다.

밤새 토라진 얼굴
언제 그랬느냐는 듯
동그랗게 입술을 말아
아침을 깨운다.

간밤의 부끄러운 기억들
서둘러 발자국에 묻으며
적요한 골목 빠져나오다가
살며시 돌아본 창가

간지러운 눈인사로
뒤틀린 내 심사心思
사르르 풀어주는
속 깊은 여인, 눈부시다.

생일선물

새해 달력에
표를 살짝 해두었다.
지난해 깜박하고 지나친
아내의 생일날에
점 하나 찍어두었다.

어떤 선물을 해야 할지
생각을 굴렸지만
도무지 떠오르지 않는다.
문득, 스쳐가는 엊그제 밤
물끄러미 홈쇼핑 방송을
바라보던 아내의 모습.

그녀가 잠든 사이
손가락을 몰래 재어보았다.
결혼반지 끼워주던 때의
그 곱던 손가락이 보이지 않았다.
그는 어디로 갔을까

마디 굵은 손가락이 가슴을 친다.

그날이 오면
아침은 내가 지어야지
미역국도 끓여놓고 아내를 깨워야지
그녀가 곤히 잠든 사이
굵어진 손가락에 살며시 끼워준
내 마음 젖지 않도록……

단 추

벗어놓은 옷자락에
가지런히 매달린 단추를
물끄러미 바라보았다.

나를 보살펴주기 위해
평생토록 불평 없이
생을 칭칭 동여매고 있을
그녀의 내면이 보인다.

옷을 고를 때
옷맵시에만 신경을 썼던 나를,
싱긋이 바라보는 듯하여
얼른 고개를 돌리고 말았다.

아랫목에는
힘든 내색하지 않고
묵묵히 가정을 꾸려온 아내가
곤한 잠결에도 미소를 짓고 있다.

젖은 손

빳빳했던 와이셔츠가
자존심을 구기고 있다.
미끌미끌한 비눗물에
파김치가 되어 있다.

얼룩진 흔적이
비벼지고 주물러지면
용을 썼던 하루도
하수구 속으로 슬그머니
거품 되어 사라진다.

이랑 진 연륜의 무늬
물기 축축한 빨래판은
굳은살 박인 그녀의 손
살며시 돌이켜보니
쇠심줄 같은 황소고집에
마를 날이 없었다.

코스모스

바람은 언제나
세월을 흐르게 합니다.

아쉬움은 어김없이
세월 속에 숨어서
때로는, 우리를 슬프게 하지요.

매서운 바람도
가느다란 목을 슬그머니
비켜 갈 줄로 알았습니다.

끝끝내 긴 목이
마구 흔들리고
꽃망울도 남김없이 터졌습니다.

가을이면 그대가
꽃으로 와서
눈물을 보이기 싫어

가녀린 목을 자꾸
흔드는 줄로만 알았습니다.

단절斷絶

몇 달간
수수료를 내지 못하여
야박하게 잘려나간
케이블 가닥이
지붕 아래로 방치되어 있다.

정년을 앞두고
매정하게 퇴출당한
오십 대 가장의 어깻죽지가
축 늘어져 있다.

바람이 불 때마다
끊어진 줄을 놓지 못하고
당당하게 맞서보지만
힘이 부치나 보다.

여기저기 부딪치며
보채는 바람이

창문을 두드리고 있다.
밤새도록 조여드는 가슴을
사정없이 후려칠 때,

노숙자 정경

집 나온 고양이들이
쥐는 본체만체하고
쓰레기통을 뒤지고 있다.

허름한 승용차 밑에서
활처럼 구부리고 있다가
새우잠을 자던
지하도의 겨울밤도 지나고

무더운 뙤약볕을 피해
그늘에서 늘어지게 자고 나온
허우대 멀쩡한 사람이
바쁜 걸음들을 가로막고
초라한 손을 내밀고 있다.

백발의 꼬부랑 노인이
이마의 땀을 연신 훔치며
낡은 손수레를 끌고

빈 깡통 폐휴지를 찾아
후미진 골목을 기웃거린다,

바뀐 신발

붐비는 식당에서
허기진 배를 채우고
벗어둔 신발을 찾으니
행방이 묘연하다.

남의 새 구두와 눈이 맞아
줄행랑친 줄도 모르고
조신하게 주인을 기다리던
허름한 신발과 눈이 마주쳤다.

전생의 인연인 듯
그의 품속에 발을 밀어 넣고
속궁합을 맞춰보니
나를 따뜻이 받아준다.

하마터면 쓰레기통에 버려질
그의 운명을 연장해 준 보답을 하듯
맨발이 될 뻔했던 내 발을

의외로 편하게 보살펴준다.

정들자마자
엉뚱한 사람에게 붙들려 간
첫사랑처럼 새록새록 떠오르는
그런 생각 지우라는 듯,

분꽃

해질 무렵이면
가녀린 목 길게 뽑아
수줍게 꽃등을 내 건다.

밤마다 찾아와서
애달프게 하는 발걸음 있는지
진한 분 곱게 바르고.

나팔꽃 피는 아침
밤새 무슨 사연 있었는지
못내 부끄러운 듯, 슬그머니
고개만 떨어뜨리고……

퇴근길

해 저문 뒷골목은
먹자판으로 북새통이다.
지글지글 고기 굽는 냄새가
허기진 배를 유혹한다.

간혹, 뉴스에서
가축전염병 소식을 알려주면
서리 맞은 식당 내부가
훤히 들여다보인다.

식당주인들은
상술을 잊었는지
멀쩡한 텔레비전 채널만
투덜대며 뒤적거린다.

먹을거리조차
매스컴이 골라주는 세상.

외면했던 청국장찌개가
그리움으로 보글보글 끓으며
추억의 누룽지 맛이 되살아나
발걸음 집으로 재촉한다.

약수터에서

빈 물통을 앞세우고
세심천洗心泉 골짜기에
새벽부터 줄지어 있다.

욕심의 크기만큼
물통의 숫자도, 크기도
저마다 다르다.

차례가 되면
모두 속이 지저분한지
조롱 바가지로 물을 받아
여러 번 흔들어 헹구어낸다.

한 말들이 통 속으로는
시커먼 손이 깊숙이 들어간다.
구석구석 헐었는지
야무지게 씻어내고 있다.

곧바로
부끄러운 줄도 모르고
느긋하게 욕심을 채우고 있다.
양심을 제대로 씻지 않았는지

들깨를 털면서

가을걷이를 끝내고
마른 들깨 대를 턴다.

밑반찬 동난 여름 한 철
요긴하게 따먹다 만 이파리들은
다 어디로 사라졌는지
막대기로 삭정이를 다그친다.

돗자리에 쌓여가는
깨알들을 가늠하며
누구에게 나눠줄까? 몫을 정해본다.
에누리 없이 나누었지만 부족한 부분은
세상을 살아가며 갚으리라.

내일을 모르는 알갱이들이
돗자리 밖으로 뛰쳐나간다.
어디로 튈 줄 모르는 벼룩같이
불확실한 시대가 벗겨지고 있다.

빈집

산비탈
낙엽 진 가지에
동그마니 매달린 집 한 채.

활짝 열린 둥우리에
누가 두고 간 깃털인지
쓸쓸하게 나풀거린다.

인기척 기다리다 지쳐
무너져가는 외딴 고향 집.
지난밤 꿈이
찬바람에 흔들거린다.

푸른 기억

노란 은행나무 사이로
강물 같은 길이
낙엽으로 출렁입니다.

흘러가는 발걸음을 따라
샛노란 이파리 우수수 떨어지면
연거푸 떠오르는 푸른 추억들.

살며시 눈 감았다 떠보면
어느새 하얗게 지워진 영상
슬픈 눈으로 고개를 쳐듭니다.

텅 빈 가지 끝자락
한 무더기 걸린 흰 구름장
맑은 물에 번지는 잉크처럼
뚝! 뚝!
흐릿한 기억 더듬으며

하얀 그리움을 풀어갑니다.

푸른 기억 1

눈발 날리는
어두어둑한 퇴근길

초저녁 은은한 달빛이
눈 덮인 장독대를 비추듯
애잔한 불빛으로 허리 구부려
내려다보는 가로등

종종걸음 치는데
활활 타오르는 장작불에
구수한 군고구마 냄새가
문뜩, 떠오른 기억을
살며시 붙잡는다.

노란 봉투 속에서
모락모락 피어오르는
그리운 얼굴……

옷장 속에

옷장 속에는
추억이 걸려 있다.
힘차게 걷고 싶은 자존심도
침묵으로 매달려 있다.

이력서 같은 허물들이
춘추복으로, 하동복으로
돌리다 만 활동사진의 필름처럼
시간을 저당 잡히고 있다.

칼날 같은 주름 세워주고
투정부리는 옷깃 여며주시던
다시는 볼 수 없는 모습이
문득문득 스쳐간다.

이제는 다시 걸칠 수 없는
먼지 쌓인 빛바랜 청춘이
옷장 문을 열 때마다

창연한 눈빛으로
나를 응시하고 있다.

그리운 날에

거울을 보며 그대를 좀
마주쳤으면 하는 생각을 해 봅니다.
어느 한적한 거리에서,
그대가 나를 몰라보고
길을 물어오면 슬픈 일이지만,
내가 그대를 알아본다면
녹슬어가는 추억을 닦아낼 수 있기에
참 다행이겠습니다.
하지만, 불길한 예감豫感이 앞섭니다.
혹시라도, 나마저 그대를 몰라본다면
우리의 추억은 붉게 녹슨 아픔일 테니
까요.
우리는 매일 거울을 보지만
나의 모습이 어제와 오늘
조금씩 변하여 간다는 사실을
느끼려 하지 않습니다.
단지, 예쁘게 보이기 위하여
감추려고만 할 뿐입니다.

서로 몰라본다는 것은
참으로 애석哀惜한 일이건만.
거울 앞에서 한참 동안
옛 모습을 떠올려보았습니다.
도시의 거리가 많이 변하여
가끔, 길을 물어오는 사람들처럼
당장에라도 서로 몰라보면 어쩌나? 하고
슬픈 걱정을 해 봅니다.
그대가 늘, 그리움 속에만 있기에.

너를 그리며

우리 처음 만났던 그 카페에서
너의 흔적 더듬었을 때에는
그날의 미련 때문이 아니었다.
외로움 때문만도 아니었다.
빠르게 변하고 잊혀지는 현실 앞에서
서로가 변해 가는 줄 모르고 살아가지만
널 만나면 너의 모습 내가 알려 주듯이
너도 세월의 무상함을 내게 말해 주겠지.
희미해져 가는 가로등 불빛 사이로
아련하게 떠오르는 너의 모습
너에게 갈 수 없는 내 마음 달래려
이 밤도 정처 없이 길을 헤맨다.

기다림에 대하여

찻잔을 앞에 놓고
우두커니 창밖을 바라본다.
오랫동안 홀로 앉아 있는 것처럼
뜨겁고 민망한 일도 없건만,

거리를 배회하다 보면
종잡을 수 없을 만큼
뒷모습이 닮았다는 것은
여태껏 지우지 못한 기억이
내 안에 머문 까닭이리라.

테이블 위에 꽂혀 있는
단 한 송이 꽃을
초조하게 바라보니
조금 더 기다려 보라는
애련愛戀의 미소를 짓는다.

따스했던 찻잔은

어느덧 식어 있고
한 모금도 마시지 못한 기다림을
초라한 흔적처럼 남겨두고서
고독을 탈탈 털며 일어선다.

4

그대에게 가는 길

그대 마음으로 흐르는 강이 있습니다.
그 강을 건너야
그대에게로 갈 수 있다 합니다.
마음으로 흐르는 강이어서
항상, 향기 고운 꽃잎으로
다리를 놓아야 건널 수 있다 합니다.

가고 싶은 길

세우고 싶은
싱그러운 집 한 채
머릿속에 둘둘 말아 넣고
꼭두새벽에 길을 나선다.

현장에서 밀려난 날에는
한숨만 배낭에 가득 숨기고
나이 든 고개를 수그린 채
뚜벅뚜벅 산을 오른다.

아득한 세상을
산 중턱에 앉혀 놓고
숙달된 마음 속 연장으로
허물었다가, 지었다가……

정상에 오르면
먼 남쪽, 고향 하늘로
두둥실 떠가는 구름

마음만 실어 보낸다.

채석강

바다가 시를 낭송한다.
갈매기도 그리움에 끼룩대는 격포항
수만 권 시집을 켜켜이 쌓아둔 해변
지칠 줄 모르고 달려왔던 하루해가
수평선 아래로 벌겋게 익은 몸을 풀면
떠나기 싫은 발걸음소리만 남겨두고
잠잠해지는 부둣가
사랑하는 발걸음을 여기저기 앉혀놓고
귀엣말 같은 속삭임으로
연정戀情의 시를 읊어준다.
수천 년 소금물에 절여
산처럼 쌓아놓은 책 속의
가장 곱게 간이 밴 문장을 뽑아
밤이 새도록 읽어준다

이별한 발걸음도
되돌아오게 하는
채석강의 저녁 파도소리로……

멸치

끓는 물 속에서도
유영游泳을 멈추지 못하는 까닭은
고향을 못 잊어 함인가.

진한 간장에, 매운 고추장에
마른 몸 버무려질 때 거친 숨소리
들끓는 프라이팬 속에서도
미동도 하지 않고 열반에 드는가.

갈증 난 햇살에
삶의 비린내마저
채반에 사로잡히다가
은빛 비늘 온전히 바랜다.

긁어낼 필요 없는
시커멓게 타들어간 내장
허황한 속세를 끓이고 볶으면
골수에서 우러나오는 진한 맛,

시린 관절은
어머니의 틀림없던 일기예보
골다공증 걸린 뼛속으로
무제한 통행하던 삭신의 바람도
날개 접고 묵상에 든다.

고향 손님

주택가 입구에 상호 하나 눈에 띈다.
하루의 수고를 탈탈 털며 닻을 내리고
갯고랑 같은 어둑어둑한 골목으로
밀물처럼 스며드는 시간
저마다 정박지를 향해 종종걸음을 치는데
나는 가던 길을 멈추고 고개를 갸웃거리며
여린 불빛이 바닷물처럼 새어나오는
성에 낀 유리창을 유심히 들여다본다.
만선의 고깃배도, 그물을 손질하던 어부도,
팔딱팔딱 뛰는 생선도 보이지 않는데
부부는 복사꽃같이 환한 이야기를 주고받는지
모래알을 굴리며 해변으로 밀려왔다 밀려가는
파도소리 끊이질 않는다.
고향소식이라도 물을 겸 바다향기 그윽한
곰소젓갈집으로 몸을 밀어 넣는다.
풋풋한 곰소항 풍경이 눈앞으로 슬쩍

지나가고
진열장 옆에서 따스한 해풍이 불어온다.
곰소 천일염으로 염장해 숙성시켰다며
맛보기로 내놓는 짭조름한 육젓과 어리굴젓
어머니와 마주앉아 밥 한 그릇 뚝딱 해치웠던
곰삭은 갈치속젓이 나를 반긴다.

누님의 하늘

누님의 하늘에 안개 서리네
친정이 그리워 올려보는 산 너머
그렁그렁 고여 드는 연잎의 이슬
꿈속에도 넘나드는 친정 나들이
모시 치마 옥색 신 스치는 소리에
아득한 고향 하늘 눈물로 보네
자주 고름 입에 물고 흰 구름 보네

立春

노곤한 잠결에도 문득문득
달빛에 고드름이 녹는지
기스락물 떨어지는 고향집
초가의 처마가 안온하다.

사립문을 밀치고 들면
마당엔 반기는 이 없어도
가슴 밑바닥이 훈훈하다.

부엌문을 열어봐도
보이지 않는 어머니
고구마 통가리 틈으로
노란 움이 고개를 내밀었다.

초가지붕에서
기스락물이 떨어질 때
콩나물시루에서는
물방울 떨어지는 소리

바람벽에서는
시계의 초침이 뛰고 있었다.

빈 항아리

속 깊은 빈 항아리
몇 번이고 닦아 내어도
진한 간장 냄새만
가득 품고 산다.

늦은 봄날,
청매실 가득 채우고
독한 술에 묵혀 두었더니
간장냄새는 사라지고
매실향기 짙어 간다.

첫사랑 못 잊어
자나 깨나 노래만 부르다가
홀로 늙어가는 가엾은
내 친구 떠오른다.

부드러운 바퀴

-유성 운수 조합장-

그에겐 모서리가 없다.
붉은 벽돌집 2층에 3선選째
단단하게 매달린 도르래다.

둥그런 바퀴를 돌려
깊은 우물물을 길어 올릴 때
마냥, 신바람이 나듯
운전대를 돌리는 가족을 위해
귀를 쫑긋 세워 여린 줄의 근심을
하나하나 보살펴 준다.

네 바퀴를 굴리며
도로 위를 씽씽 달릴 때
부딪치거나 탈선하지 않도록
팽팽한 시간에 쫓겨
동동거리는 발걸음들
안전하게 모실 수 있도록……

그는, 첫새벽이면 어김없이
정릉 뒷산을 한 바퀴 빙 돌아
굴곡진 세월을 되돌아보며
굵은 줄보다 가느다란 줄을 위해
조롱박의 꿈을 가득 담아
옹달샘으로 목을 축인다.

목련

꽉 동여맨 젖가슴
살랑거리는 바람결에
옷고름 살짝 풀었다.

눈이 부신 속살
햇살도 환장한 듯
구름 속을 들락거리며
슬쩍슬쩍 훔쳐본다.

맘껏 부풀던 봉오리
숨만 크게 내 쉬어도
와르르 쏟아지는
하얗게 보고 싶은 얼굴

눈이 시린 봄날
양지바른 담장 아래
부치지 못한 엽서처럼
빛바랜 꽃잎 수북하다.

수건에 대하여

입이 무거워서 미더웠다
함부로 흥분하지 않아서 안심이다.
물기 젖은 여인의
은밀한 곳을 어루만지고도.

물고문을 당해도
온몸을 빙빙 돌려 비틀어 짜더라도
구정물만 토해낼 뿐
절대로 발설하지 않는다.

언젠가 바람으로 말했다.
높은 줄에 매달려
아우성을 펄럭이면서
가슴으로 말했다.

본 대로 느낀 대로 말하고 나면
세상, 살맛나지 않겠느냐고
햇볕에 수건이

고슬고슬하게 마르고 있다.

참회

한적한 숲 속
우람한 나무둥치에
허름한 옷 한 벌
반듯하게 벗어 걸었다.

피 한 방울도 묻히지 않고
알맹이만 쏘옥 빼내간 껍데기
재활용에 익숙한 내 몸에서
으스스 소름이 돋는다.

욕심 많은 세상 등지고
나무 뒤에 숨어서
생살을 찢어내는 듯한
그칠 줄 모르는 울음소리.

고령高靈의 달

우륵 선생의 가야금도
곤히 주무시는데
누군가 작심을 한 듯
회천에 소가천*에
풍덩 빠져 있다.
구름 속을 들락거리더니
더는 참을 수가 없는지
알몸으로 들어가 있다.
별들도 덩달아서,

가만히 귀 기울여보니
목욕을 하고 있는지
물소리만 찰랑거린다.
고령高靈*땅 어디엔가
은밀히 숨겨져 있을
대가야의 보물을 찾아내려는지
시리게 흐르는 물 속을 비추며
행여, 부정이라도 탈까 싶어

구석구석 씻고 또 씻고……

**회천과 소가천: 가야산 계곡에서 흘러 운수면, 덕곡면을 각각 통과하는 하천.*

**고령高靈: 경상북도 남서부에 위치한 군. 대가야국의 도읍지.*

가을 산

가을
산자락에서 보았던 그는
술이 벌겋게 달아올라
바람 부는 대로
어지럽게 뒹굴더이다.

밤낮으로 꿈에 젖은
몽롱한 눈빛
산자락을 태우며
자꾸만 남으로 내려가더이다.

그 불빛
어찌나 활활 타오르던지
도저히 건잡을 수 없어
뛰어들 수도 없더이다.

간혹, 타다 남은 불씨만이
소슬바람으로 바스락거리며

그대와의 뜨거웠던 시절을
은밀하게 말해 주더이다.

아직도 태우지 못한
나의 詩語 속으로……

민들레

마지막 인사인 듯
못내 섭섭한 듯
허공을 맴도는데
스산한 바람에
야윈 목 길게 뽑아
어서 가라 손사래 친다.

뿔뿔이 떠난 허공에
검은 구름장 피어오르면
접어둔 내 하얀 그리움
덩달아 가슴 졸이는데
한 줄기 바람 따라
보따리 달랑 둘러메고
멀어진 내 고향 길이
마냥, 아득하다.

겨울 산

눈 덮인 산에 오르니
솜이불을 뒤집어쓴 듯
겨울잠에 푹 빠진 나무들.

능선 옆 소나무가
무서운 꿈을 꾸었는지
으스스 어깨를 떤다.

눈 털리는 소리에
선잠 깬 새 한 마리
빈 가지에 얼굴이 긁힌
뿌연 회색빛 하늘 속으로
매서운 바람을 비켜가며
포르르 날아간다.

혹독한 가난처럼
벌거벗은 응달진 바위에
덕지덕지 달라붙은 얼음장이

뚝! 뚝! 녹아떨어지는 소리
맥박 뛰는 소리처럼
봄소식으로 들려온다.

고사목枯死木

바람이 비켜가고
산새도 거들떠보지 않는데
벌거벗은 채, 우두커니
누구를 기다리는가.

온갖 풍상 다 겪고
말라비틀어진 삭정이
꺾인 가지 추스르지 못해
축축한 밑둥치에
곰팡내만 세월을 배고 있다.

운신할 수 없는 몸뚱이
두엄처럼 썩어지면
새싹의 밑거름이 되어 달라고
이름 없이 고향산천 지키더니
부끄러운 몰골로
누구를 그렇게 기다리는가.

죽어서도
따뜻한 정인情人처럼,

별난 풍경

바람도 잠잠한데
뽕나무가지가 심하게 흔들려
살금살금 다가가 엿보았더니
모이를 찾는 암탉 앞에서
젊은 장닭 두 마리가
피 터지게 싸우고 있었다.

벌건 대낮,
호프집 구석에서
통닭 한 마리 시켜놓고
나이 든 여자 둘이서 티격태격한다.
흘깃흘깃 눈치를 살피며
술 취한척하는 젊은 남자 앞에서,

산지 식당

매창뜸과 읍내가
훤히 내려다보이는 언덕
부안군 행안면 진동리 12-5 번지.
하루해가 종탑 위에 걸리면
서해의 해풍은 계화들녘을 쓰다듬고
슬금슬금 시장기가 도져오는 시간.

배고플 손님들의 밥을 안치고
싱싱한 야채를 정갈하게 다듬어
지극정성으로 찬거리 장만한다.
푸성귀 한 잎, 양념 한 술이라도
더 넣던 어머니의 손맛 그대로,
꼼꼼히 챙긴 형수님의 건강식으로,

아귀찜, 곱창전골, 불낙백반 등등
입맛대로 골라 드시고서
구수한 숭늉까지 후루룩 마시고
푸짐하게 잘 먹고 간다며

흐뭇하게 손 흔들고 가시는
정겹고 아름다운 뒷모습.

종소리 낭랑하게 울리면
성경책과 찬송 책을 옆에 들고
사뿐사뿐 2층 계단을 따라
예배당으로 모이는 발걸음들,
형수님은 하늘 가신 형님 대신
복음을 전하고 계신다.

그대에게 가는 길

그대 마음으로 흐르는 강이 있습니다.
그 강을 건너야
그대에게로 갈 수 있다 합니다.
마음으로 흐르는 강이어서
항상, 향기 고운 꽃잎으로
다리를 놓아야 건널 수 있다 합니다.
그대에게 가기 위하여
쉬지 않고 다리를 놓아 보지만
꽃잎은 쉽게 시들어가고
향기는 어디론지 날아가 버립니다.
그대 마음의 강물은 물살도 없건만
왜, 그리 건너기가 쉽지 않을까요.
오늘도 꽃잎은 시들어가고
향기는 어디론지 달아나는데
그대는 아예, 딴전만 부리고 있습니다.
짙은 어둠 속으로 은하수는 흘러가고
그대 이름 되뇌며 잠 못 이룰 때마다
불빛으로 떠오르는 푸른 詩語들.

그 言語가 꽃잎이 되고
영혼의 고운 향기임을 이제야 알았습니다.

벽

들릴 듯, 말듯
소통이 농성 중이다.
궁금증은 안절부절못하고
벽에 바짝 귀를 기울인다.
불통이 허물어지도록……

엄마의 밤 외출

치매로 쓰러지신 외할머니가
우리 집으로 오신지 어느덧 1년이 다 되었습니다.
그동안 엄마는 외출 한번 제대로 하지 못했습니다.
마음대로 몸을 가눌 수 없는 외할머니의 곁을
한시도 떠날 수 없었기 때문입니다.
사실, 엄마도 몸이 아파 병원에 다녀야 할 지경이었는데…
휴일이면 아빠까지 달려들어 온 식구가 거들었지만
할머니를 돌보는 일은 만만치 않았습니다.
특히, 엄마는 끼니때마다 할머니를 어르고 달래서
밥을 드시게 하는 일을 가장 힘들어하셨습니다.

"자, 우리 엄마 밥 드셔야지, 아 하세요. 아!"

"싫어 안 먹어, 너나 먹어, 지들만 맛난 거 먹고"

나는 말도 못하고 끙끙 앓는 엄마를 볼 때마다

투정부리시는 할머니가 미웠습니다.

그리고 엄마한테 할머니를 맡긴 외삼촌이 원망스러웠습니다.

외삼촌 댁 형편이 어려워지자 엄마가 자청해

할머니를 모시고는 계셨지만

일주일에 한 번씩 들르는 외삼촌의 모습은 무심하게 느껴졌습니다.

그날은 외삼촌이 오시기로 한 날이었습니다.

종일 끙끙 앓던 엄마가 외삼촌 오실 시간이 되자

갑자기 일어나 외출준비를 하셨습니다.
그새 밥상까지 차려놓고서,
"삼촌 오시면, 엄마 급한 볼일이 있어
서 외출했다고 그래라, 알았지?"
엄마는 굉장히 급한 일이라도 생긴 듯
옷을 차려입고
반쪽이 된 얼굴로 부랴부랴 집을 나섰
습니다.
하지만, 나는 알고 있었습니다.
엄마에게 급한 볼일 같은 건 없다는
것을,
단지, 움푹 패인 눈에 핼쑥해진 얼굴을
외삼촌에게 보여주고 싶지 않았던 것
입니다.
외삼촌이 앓아누운 동생을 보면 아들
노릇 못하는 걸
미안해할까 봐, 마음 아파할까 봐.
그날 밤 엄마는 할머니가 잠들고 외삼

촌이 돌아가실 때까지

아픈 몸을 이끌고 차가운 밤거리를 돌고 또 돌았습니다.

*2002년 11월 KBS TV동화 “행복한 세상"에 방영된 글.

□ 해설

心情的 鄕土 哀想

黃松文
詩人·선문대 명예교수

이미지라고 할 때 넓은 개념으로는 지각 작용에서 이룩된 감각적 현상이 마음 속에서 재생된 것을 말한다. 마음 속의 생각이 재생되는 시어詩語는 이미저리의 제조 기계라고도 할 수 있다. 이미저리는 감각적 경험의 객관에 대한 주관적 모사일 뿐만 아니라 시가 전달하고자 하는 의미와도 복합되어 있어 매우 복잡한 양상을 띤다.

이병훈 시인의 시세계는 비유적 이미저리를 사용하는 데에 높은 빈도를 보여주고 있다. 그는 자체의 자극적인 감성을 상대적으로 느끼는 데 있어서 대상적 사물을 적절히 선택하여 주체와 대상 간에 주어지는 상사성相似性을 활용하고 있음을 알 수 있다.

가령 대상적 사물을 바라보는 경우, 그 사물인식에 초점을 맞춰보면 「못」과 「디딤돌」 「담쟁이」 「소」등의 작품들이 선명하게 부각된다.

무수히 두들겨 맞고도
야무지게 벽을 붙잡고 있는
그의 목에 액자를 걸었습니다.

힘든 목덜미를 숨기고
평생 무거운 짐을 기꺼이 지신
아버지의 흑백사진이
나를 바라보고 계십니다.

빗맞은 망치에
시퍼렇게 멍든 손톱이
단단한 벽과 못 때문이라며
투덜거리던 나를 응시하고 있습니다.

액자 뒤에는
아버지의 근엄한 침묵
모진 세파에 시달려도

평생 보여주지 않던 속앓이
못이 빠지면 허무한 공간
당신의 빈자리가 허전합니다.

– 「못」 전문 –

못을 바라보는 이병훈 시인은 그 못이라는 사물에서 아버지를 연상하고, 십자가와 같은 아버지의 '짐'과 모진 세파에 시달려야 하는 아버지의 '벽'을 유추하게 된다. 여기에 '아버지'와 '못'이라는 상관된 양자성 사이에는 상관관계가 자연스럽게 성립된다. 이게 그가 즐겨 다루는 비유적 이미저리의 상사성相似性의 법칙이다.

세찬 빗줄기도
아버지의 등에 업혀 가면
편안하게 잠이 들던
내 인생의 보루堡壘.

하늘을 머리에 인 채
거북이처럼 엎드려
역경을 견디고 있다.

행여 어린 자식
진흙탕에 빠질세라
지저분한 밑바닥에 엎드려
깡마른 등을 내밀고 있다.

호수에 달 가듯이
학처럼 지나가라고……

－「디딤돌」 전문 －

여기에서도 비유적 이미저리로서 대상적 사물인 '디딤돌'을 '아버지'에 클로즈업시켜 부성애라는 주제의식을 살려내고 있다. 아버지를 디딤돌 삼아 무사히 건너기를 바라는 심정적인 염원이 구체적으로 형상화되어 있다.

깊은 밤 외양간에서/ 큰 눈을 지그시 감은 채/ 지난 일들을 되새김질하고 있다.// 무엇이 크게 잘못되었는지/ 가끔, 머리 흔들 때 울리는 워낭소리/ 무겁게 쩔렁거린다.// 짐을 지고 언덕을 오를 때나/ 전답을 갈아엎을 때/ 힘을 아꼈다고 생각하는지/ 스스로 채찍질을 하듯/ 끊겼다 이어지는 소리……

밤이 깊어 갈수록/ 식어가는 구들장에 피로를 재우고/ 자식을 심하게 야단쳤다 싶었는지/ 고단한 경운기 소리처럼 코를 골다가도/ 아버지는 길게 한숨을 내쉬었다.// 몇 번인가 입을 오물거리시더니/ 묵은 빚을 청산하시겠다는 듯/ 어금니를 힘주어 깨무셨다.// 이제 다시는 볼 수가 없는데/ 저승에서도 한숨을 내쉬고 계실까/ 아직도 철들지 않은 자식 때문에.

– 「소」 전문 –

여기에서도 외양간의 소는 역시 아버지를 가리키고 있다. 아버지는 소로, 소를 아버지로 대유할 수 있는 것은 '소'와 '아버지'의 속성이 닮아 있기 때문이다. 소의 희생과 아버지의 순애가 상호 닮아있기 때문에 비유적 이미저리가 효과적으로 작용할 수 있게 된 것이다.

막다른 골목
담벼락에 찍혀 있는
초록 발자국들……

쫓기던 발걸음이
너울너울 어깨동무하고
가로막힌 절벽을
시원스레 넘고 있다.

어린 이파리들
강파른 등에 업고
더듬거리며 기어오르는
언뜻언뜻 보이는
저 억척스러운 줄기

들여다볼수록
영락없이
우리 어머니 손등 위로
굵게 솟아오른 힘줄이다.

－「담쟁이」 전문－

앞에 거론한 세 편의 시가 아버지를 제재로 그와 관련된 사물들(못, 소, 디딤돌)을 차용했다면, 이제 소개하는 한 편의 시 「담쟁이」는 어머니를 제재로 하고 있다. 담쟁이가 가파른 절벽을 억척스럽게 기어오르듯, 어머니가 손등에 힘줄이 솟아오르도록 피나는 노력을 한다는 심정적 일체화를 내비치고 있다.

여기에서는 이병훈 시인의 절실한 심정적 향토애상이 대상적 사물들을 통하여 구체적으로 형상화되어 있다. 이러한 심정적 향토애상은 「슬픈 식사」를 통한 미각 이미지라든지 「立春」등을 통한 청각 이미지로 나타나기도 한다.

꽁보리밥에
고추장만 넣고 비벼도
군침이 저절로 돌고……

비빈 밥 한 숟갈에
속이 화끈화끈 타던 때
어머니가 주시던 물 한 사발이
그렇게 시원할 수가 없었습니다.

어머니……
여름날 평상에 마주앉아
양푼 가득 밥을 비벼 먹듯
모락모락 김이 나는 흰 쌀밥에
고추장을 넣고 비벼봅니다.

뱃속에 불이 났건만
물 사발을 건네주시던
당신은 영영 볼 수가 없고
닭똥 같은 눈물!
안개만 눈가에 서립니다.

–「슬픈 식사」 전문 –

노곤한 잠결에도 문득문득
달빛에 고드름이 녹는지
기스락물 떨어지는 고향집
초가의 처마가 안온하다.

사립문을 밀치고 들면
마당엔 반기는 이 없어도
가슴 밑바닥이 훈훈하다.

부엌문을 열어봐도
보이지 않는 어머니
고구마 통가리 틈으로
노란 움이 고개를 내밀었다.

초가지붕에서
기스락물이 떨어질 때
콩나물시루에서는

물방울 떨어지는 소리
바람벽에서는
시계의 초침이 뛰고 있었다.

- 「立春」 전문 -

이 두 편의 시에는 향토정서 가운데 미각적 이미지와 청각적 이미지가 선명하게 부각되어 있다. 미각적 이미지를 나타낸 「슬픈 식사」의 경우, 뱃속에 불이 날 정도로 화끈거리는 비빈 밥 속의 고추장의 미각적 향토정서가 모성과 연결되고, 「立春」의 경우는 초가지붕 기스락물 떨어지는 청각적 향토정서 역시 모성과 연결된다.

이제까지 살펴본 시에는 부친과 모친의 심정. 즉 부성애와 모성애가 대두되는데, 가족 중에서 아내와 형에 관한 시편도 보인다.

새해 달력에
표를 살짝 해두었다.
지난해 깜박하고 지나친
아내의 생일날에

점 하나 찍어두었다.

어떤 선물을 해야 할지
생각을 굴렸지만
도무지 떠오르지 않는다.
문득, 스쳐가는 엊그제 밤
물끄러미 홈쇼핑 방송을
바라보던 아내의 모습.

그녀가 잠든 사이
손가락을 몰래 재어보았다.
결혼반지 끼워주던 때의
그 곱던 손가락이 보이지 않았다.
그는 어디로 갔을까
마디 굵은 손가락이 가슴을 친다.

그날이 오면
아침은 내가 지어야지
미역국도 끓여놓고 아내를 깨워야지
그녀가 곤히 잠든 사이
굵어진 손가락에 살며시 끼워준
내 마음 젖지 않도록……

– 「생일 선물」 전문 –

인정이 철철 넘치는 시다. 아내에 향하는 정성이 지극하다. 굵어진 아내의 손가락에서 충격적인 애상에 젖는다. "마디 굵은 손가락이 가슴을 친다."는 표현이 그것이다. 그의 애틋한 심정은 형의 죽음에서 비탄에 빠진다. "2008. 5. 26 림프종으로 형님을 떠나보내고"라는 부제와도 같은 어미를 얹은 시 「돌아오지 않는 강」은 이승에서 저승으로 건너간 친형과의 영결종천을 의미한다.

> 신촌 세브란스병원 중환자실./ 다급한 연락을 받고 달려왔다./ 하얀 이불을 들치니 콧속으로 옆구리로 주렁주렁 매달린 호스들, 어느새 다 걷어갔다. 다급하게 오르내리던 계기판의 불빛도 싸늘하게 꺼져있다. 부르면 돌아봐주던 고개를 들은 척도 하지 않는다./ 들여다볼수록 창백한 얼굴./ 도무지 믿기지 않아 이불을 깊숙이 덮어주어도 말씀이 없다. 며칠 전만 해도 걸어서 함께 고향에 가시자더니, 무엇이 그토록 다급하여 육십을 아직도 3년이나 남겨두고서 돌아오지 못할

강을 홀연히 건너가셨습니까?/

부안 효병원 지하./ 영구차에 실려와 액자 속에 갇힌 모습이 너무도 억울하여 발인 전날 밤에는 남몰래 통곡을 하였건만 아무런 말씀이 없는 형님. 하관예배 드리고 붉은 천에 쓰인 故 이병재 목사 이름 꾹꾹 밟아 묻을 때에는, 형제간에 우애하며 오래오래 잘 살자던 모습. 눈앞에서 아른거리고 철없이 불퉁거리며 대들었던 일들, 한없이 후회스러워 평안히 가시라는 말도 못하고 흐느끼며 어깨만 들썩거렸습니다.

– 「돌아오지 않는 강」 전문 –

시인의 형인 이병재 목사의 죽음이 토로되고 있다. 불러도 반응 없는 주검이 비탄에 젖게 한다.

이제까지 거론한 작품들은 주로 심정적인 향토애상, 또는 인정애상이라면, 앞으로 살펴볼 시들은 여기에서 크게 벗어나지는 않지만, 몇 가지 유형으로 나눠볼 수도 있을 것이다.

그것은 사물에 대한 입체성이라든지, 갈등의 해소와 자아성찰 등의 변화를 의미한다. 여기에서 말하는 사물에 대한 입체성이란 「분갈이」의 경우에 여실히 나타난다.

설날 아침
음복을 하는데
입안으로 난처하게 찾아온
단감 씨 몇 개.

버리기가 민망하여
월동화분에 심어 두었더니
엄동설한에 봄인 줄 알고
앙증맞게 돋아난 새싹들,
더부살이인 줄 모르고
잠결에도 쑥 쑥 자란다.

더 크기 전에
새 땅에 옮겨 접붙여야
굵은 열매를 맺는다는데
마땅한 자리가 없다.

쪽방 살림에

허리 한 번 제대로
못 펴시던 어머니……
늘 안타까운 마음으로
미안하다, 미안하다.
봄이 오면 꼭 분가해주마.

– 「분갈이」 전문 –

시인이 시도하는 화분의 '분갈이'와 어머니의 자식에 대한 분갈이로서의 '分家'가 입체적 동일성을 띄고 있다. 여기에 시의 대조나 대구로서의 묘미가 입체적으로 살아나게 된다.

집나온 고양이들이
쥐는 본체만체하고
쓰레기통을 뒤지고 있다.

허름한 승용차 밑에서
활처럼 구부리고 있다가
새우잠을 자던
지하도의 겨울밤도 지나고

무더운 뙤약볕을 피해

그늘에서 늘어지게 자고 나온
허우대 멀쩡한 사람이
바쁜 걸음들을 가로막고
초라한 손을 내밀고 있다.

백발의 꼬부랑 노인이
이마의 땀을 연신 훔치며
낡은 손수레를 끌고
빈 깡통 폐휴지를 찾아
후미진 골목을 기웃거린다.

-「노숙자 정경」 전문 -

종전의 시와는 달리 문명비판적인 의식 세계를 내비치는 시다.

쥐를 잡지 않은 채 쓰레기통을 뒤지는 고양이의 양태는 원시적 생명력을 상실한 문명의 병폐를 단적으로 나타낸 현대 사회의 축도라 하겠다.

허우대 멀쩡한 젊은이는 손을 벌려 구걸하고, 백발의 꼬부랑 노인은 손수레를 끌고 폐휴지를 찾아 헤매는 상반된 양태도 풍자적 아이러니를 제공한다.

다리미가 열을 받아
속을 부글부글 끓이고 있다.

거친 숨을 몰아쉬듯
뜨거운 열기를 뿜어내고 있다.

곧바로 구겨진 옷자락 위로
사정없이 지나간다.

흙탕물에 찌들고
휴지처럼 구겨진 세상

말끔히 빨아서 다림질하면
곱게 곱게 펴지라고.

— 「다림질」 전문 —

자정을 넘긴 시간
낯익은 중년 남자가
캄캄한 유리창이 뚫어져라
들여다보고 있다.

가로등 불빛은
듬성듬성한 머리카락 뒤로
가물가물 졸고 있는데
무심한 세월처럼 유성 하나

빗금을 긋고 사라진다.

– 「자화상」 전반부 –

사물에 대한 인식이 비범하다. 「다림질」의 경우, 열을 받는 다리미와 그 열을 감내하면서 옷자락을 펴는 행위, 그리고 그 행위는 오탁의 세상을 빨아 펴는 바램으로 주제의식을 내비치는 창작의도가 갸륵하다. 「자화상」의 경우, 시인 자신의 초상임을 알 수 있다. "무심한 세월처럼 유성 하나 빗금을 긋고 사라진다."는 2연의 결구는 친족의 영이별에서 오는 허무의식을 예시한다.

목수의 연장통 속에는
암유暗喩의 먹통이 들어있다.
톱날보다 날카로운 먹줄을
줄줄이 감아 숨긴 채.

눈을 감으면
무수히 떠오르는 공간
밤낮을 가리지 않는

고딕 도시의 그림자

밋밋한 널빤지에
비틀어진 나무둥치에
직선으로 그어지는
정확한 본심의 선……

목수는
함부로 먹줄을 놓지 않는다.
마음 속의 먹통이 흔들림 없이
여백을 겨냥하고 있으므로.

－「먹통」 전문 －

고딕 도시에 굳어진 문명사회에 대한 유연성과 진실 의지를 보여준 작품이다. 먹통 속에 들어있는 먹줄은 정확한 본심의 선을 그을 수 있는 의지를 지닌 채 함묵하는 사물이다. 이 시는 바로 이병훈 시인을 여실히 드러내고 있다. 목수의 연장통 속에 내장되어있는 먹줄처럼 직언을 하고 직필을 쓰고자 하는 진실이 배어있다.

이제까지 거론한 바와 같이 이병훈 시인

은 심정적으로 향토 애상을 절실하게 표현하고 있다.

그 절실함은 뜨겁게 나타나는 바 그 뜨거움이 오히려 시의 격을 떨어뜨릴 때가 있다. 앞으로는 눈물을 흘릴 것이 아니라 인내하며 냉각시켜서 독자로 하여금 성숙된 의지를 미루어 짐작하게 하는 고도한 전술이 요구된다.

이병훈 시인의 장점을 말한다면 순후한 향토정서와 입체적으로 보려는 사물인식으로 집약할 수 있을 것이다. 좋은 시를 쓰기 위해서는 우선 좋은 사람이 되어야 하겠고, 아름다운 문양으로 표현할 수 있는 형식(틀)을 마련해야 하기 때문이다. 앞으로 그의 언어의 먹줄이 자유자재로 놓아져서 훌륭한 시예술의 금자탑으로 우뚝 서기를 바란다.

시와 음악의 하모니

누님의 하늘

이병훈 작시 · 김정 작곡

너를 그리며

이병훈 작시 • 나유성 작곡

이병훈 시집 푸른 기억

초판인쇄 2010년 1월 23일
초판발행 2010년 1월 25일
지 은 이 이병훈
발 행 인 황송문
펴 낸 곳 문학사계
주 소 서울특별시 영등포구 문래6가
56-1 미주프라자 102호
전 화 (016)561-5773
팩 스 (02)2637-9759
이 메 일 songmoon12@hanmail.net
등 록 2005년 9월 20일
제318-2007-000001호

ISBN 978-89-93768-16-9 03810

값 7,000원

배포처 자유문고 (02)2637-8988